Kartoffelglück

Kartoffelglück

Knollig. Knusprig. Köstlich.

Jan Thorbecke Verlag

VERLAGSGRUPPE PATMOS

PATMOS
ESCHBACH
GRÜNEWALD
THORBECKE
SCHWABEN

Die Verlagsgruppe
mit Sinn für das Leben

MIX
Papier aus verantwor-
tungsvollen Quellen
FSC® C089473

Für die Schwabenverlag AG ist Nachhaltigkeit ein wichtiger Maßstab ihres Handelns.
Wir achten daher auf den Einsatz umweltschonender Ressourcen und Materialien.

Umschlaggestaltung: Finken & Bumiller, Stuttgart
Alle Abbildungen: StockFood GmbH, München
Rezepttexte: StockFood Rezepte-Team (Cathrin Fischer, Elisabeth Gerich und Kathrin Ertl)
Druck: Beltz Bad Langensalza GmbH, Bad Langensalza
Hergestellt in Deutschland
ISBN 978-3-7995-0666-3 (Print)
ISBN 978-3-7995-0699-1 (eBook)

Inhalt

Knollige Kleinigkeiten
Gegrillte Kartoffelspieße mit Frühlingszwiebel-Vinaigrette 6 | Pikant gefüllte Kartoffel-krapfen 8 | Indische Kartoffelplätzchen mit Koriandersalz 10 | Kartoffel-Kräuter-Waffeln 12

Knuspriges aus dem Backofen
Kartoffelrösti 14 | Mini-Kartoffelgratins 16 | Blätterteigtaschen mit Kartoffel-Frischkäse-Füllung 18 | Spargel-Kartoffel-Tarte mit Frühlingskräutern 20 | Kartoffelpizza mit Oliven und Knoblauch 22 | Pikanter Kartoffelkuchen mit Apfelspalten, Zwiebeln und Speck 24 | Kartoffel-Galette mit Knoblauch und Parmesan 26 | Tartiflette 28 | Fischauflauf mit Kartoffelpüree-Haube 30 | Überbackener Lauch-Kartoffel-Auflauf mit Ananas 32 | Dreierlei Kartoffeln vom Blech 34 | Ofenkartoffeln mit verschiedenen Frischkäsefüllungen 36 | Violette Ofenkartoffeln mit Schmand, Zwiebeln und Tomaten 38 | Gefüllte Ofenkartoffeln mit Birne und Salami 40

Köstliches aus Topf und Pfanne
Kartoffelsuppe mit knackigem Wurzelgemüse und Speck 42 | Kartoffelsuppe mit Pesto und Blätterteiglöffel 44 | Kartoffelsuppe mit Currybutter und knusprigen Croûtons 46 | Brokkolicremesuppe mit Trüffelkartoffel-Ravioli 48 | Kartoffelgulasch mit Sauerrahm 50 | Kartoffel-Pastinaken-Püree mit Zitrone und Knoblauch 52 | Apfel-Kartoffelstampf mit Hackfleischbällchen 54 | Violette Kartoffelbratlinge mit Frischkäsedip 56 | Kartoffel-plätzchen mit Brennnesselspinat 58 | Schupfnudeln mit Apfel-Sauerkraut 60 | Kartoffel-pfanne mit Garnelen 62

Gegrillte Kartoffelspieße mit Frühlingszwiebel-Vinaigrette

Kartoffeln, Speck und Zwiebeln werden abwechselnd auf Spieße gesteckt, auf dem Grill oder in der Grillpfanne knusprig geröstet und mit einer frischen Vinaigrette serviert. Eine gelungene Neuinterpretation des beliebten Klassikers Bratkartoffeln mit Speck!

Für die Spieße:
1 ½ kg neue Kartoffeln, gegart
2 Zwiebeln
200 g Speck, in Scheiben
1–2 EL Pflanzenöl
Salz und Pfeffer

Für die Vinaigrette:
2 Frühlingszwiebeln
4 EL Pflanzenöl
2 EL Zitronensaft
Salz und Pfeffer

Für 4 Personen

Zubereitungszeit: 20 Minuten
Garzeit: ca. 15 Minuten

Die Kartoffeln halbieren. Die Zwiebeln schälen, vierteln und in die einzelnen Scheiben teilen. Die Zwiebelscheiben abwechselnd mit den Kartoffeln und einer gefalteten Speckscheibe auf lange Holzspieße stecken. Mit dem Pflanzenöl bepinseln, mit Salz und Pfeffer würzen und auf dem heißen Grill oder in der Grillpfanne unter regelmäßigem Wenden etwa 15 Minuten garen. |
Die Frühlingszwiebeln waschen, putzen und in Ringe schneiden. Mit dem Pflanzenöl, dem Zitronensaft und etwas Salz und Pfeffer zu einer Vinaigrette vermengen. |
Die Spieße vom Grill nehmen, mit der Frühlingszwiebel-Vinaigrette beträufeln und servieren.

Pikant gefüllte Kartoffelkrapfen

Diese knusprig ausgebackenen Krapfen sind mit gehacktem Wildschweinfleisch gefüllt – ein herzhaft würziges Genussvergnügen, das auf jeder Feier gut ankommt!

Für die Krapfen:
600 g mehligkochende Kartoffeln
Salz
ca. 100 g Mehl
1 Ei
1 Eigelb
Muskat, frisch gerieben
ca. 100 g Butterschmalz
Für die Füllung:
500 g Wildschweinfleisch, aus der Keule
1 Zwiebel
1 Knoblauchzehe
1 EL Butterschmalz
1 Ei
2–3 EL Semmelbrösel
1 EL frisch gehackter Thymian
Salz und Pfeffer

Für 4 Personen

Zubereitungszeit: 50 Minuten
Wartezeit: ca. 12 Stunden
Garzeit: ca. 50 Minuten

Die Kartoffeln schälen, waschen und in kochendem Salzwasser ca. 30 Minuten garen. Abgießen, abkühlen lassen und über Nacht in den Kühlschrank legen.

Für die Füllung das Wildschweinfleisch waschen, trocken tupfen und sehr fein hacken (oder durch den Fleischwolf drehen). Die Zwiebel und den Knoblauch schälen und beides fein würfeln. Das Butterschmalz in einer Pfanne erhitzen und das Fleisch darin anbraten. Die Zwiebel- und Knoblauchwürfel zum Fleisch geben und zusammen goldbraun braten. In eine Schüssel geben und abkühlen lassen. Dann das Ei, die Semmelbrösel und den Thymian untermengen und mit Salz und Pfeffer abschmecken.

Die Kartoffeln durch die Kartoffelpresse drücken, mit dem Mehl, dem Ei und dem Eigelb vermischen, mit Salz und Muskat abschmecken und den Teig etwas ruhen lassen. Nach Bedarf etwas Mehl ergänzen, sodass der Teig gut formbar ist. Den Teig zu einer Rolle formen, in etwa 12 Stücke teilen und flach drücken. Jeweils ca. 1 EL der Füllung in die Mitte setzen und den Teig zu Bällchen formen. Das Butterschmalz in einer hohen Pfanne erhitzen und die Krapfen darin in 10–15 Minuten goldbraun braten. Zwischendurch immer wieder mit dem heißen Schmalz übergießen und regelmäßig wenden.

Die Krapfen aus der Pfanne nehmen und heiß servieren.

Indische Kartoffelplätzchen mit Koriandersalz

Bereiten Sie dieses Gericht zu, wenn das Fernweh ruft: Die mit Garam Masala, Kreuzkümmel und Ingwer gewürzten Kartoffelplätzchen entführen Sie direkt nach Indien!

Für die Kartoffelplätzchen:
800 g mehligkochende Kartoffeln
1 Zwiebel
1 grüne Chilischote
3–4 EL Ghee oder Butterschmalz
1 TL Garam Masala
½ TL Kreuzkümmel, zerstoßen
1 TL frisch geriebener Ingwer
3–4 EL Kichererbsenmehl
2 EL frisch gehackte Petersilie
1–2 TL Zitronensaft
Salz und Pfeffer
Für das Koriandersalz:
feines Meersalz
1 Handvoll Koriandergrün

Für 4 Personen

Zubereitungszeit: 30 Minuten
Garzeit: ca. 50 Minuten

Die Kartoffeln waschen und in ca. 30 Minuten gar dämpfen. Anschließend pellen, durch die Kartoffelpresse drücken und abkühlen lassen. | Die Zwiebel schälen und fein würfeln. Die Chilischote waschen, halbieren, putzen und fein hacken. 1 TL Ghee in einer Pfanne erhitzen und die Chili mit der Zwiebel darin glasig anschwitzen. Das Garam Masala, den Kreuzkümmel und den Ingwer mitrösten, bis die Gewürze duften und anschließend zu den Kartoffeln geben. Das Kichererbsenmehl und die Petersilie dazugeben und alles gut vermengen. Mit dem Zitronensaft und wenig Salz und Pfeffer abschmecken. | Von der Masse kleine Portionen abnehmen und zu Plätzchen formen. Das übrige Ghee in einer großen Pfanne erhitzen und die Plätzchen darin portionsweise auf beiden Seiten in je 3–4 Minuten goldbraun braten. Auf Küchenkrepp abtropfen lassen. Nach Belieben die fertigen Plätzchen im Backofen bei 80 °C Ober- und Unterhitze warmhalten, bis alle Plätzchen gebacken sind. | Das Koriandergrün abbrausen, trocken schütteln, die Blätter abzupfen und fein hacken. Die gehackten Korianderblätter mit etwas Meersalz mischen. Das Koriandersalz über die Plätzchen streuen und servieren.

Kartoffel-Kräuter-Waffeln

Wer sagt, dass Waffeln immer süß sein müssen? Probieren Sie doch einmal diese knusprig würzige Variante und servieren Sie einen Frischkäsedip und einen Salat dazu.

180 g mehligkochende Kartoffeln
Salz
180 g Mehl
1 ½ TL Backpulver
2 Eier
60 g weiche Butter
ca. 250 ml Milch
2 EL frisch gehackte Kräuter
(z. B. Petersilie, Schnittlauch
und Kerbel)
Butter, für das Waffeleisen

Für 4 Personen

Zubereitungszeit: 40 Minuten
Garzeit: ca. 40 Minuten

Die Kartoffeln waschen und in kochendem Salzwasser 25–30 Minuten garen. Abgießen, ausdampfen lassen, pellen und durch die Kartoffelpresse drücken. Das Mehl mit dem Backpulver und einer Prise Salz mischen. Mit den Eiern, der Butter und der Milch glatt rühren. Die Kartoffeln und die Kräuter unterrühren.
Das Waffeleisen mit etwas Butter einfetten und erhitzen. 2–3 EL von dem Teig hineingeben und nacheinander goldbraune Waffeln backen.

Kartoffelrösti

Eine knusprige Rösti, dazu ein Klecks Crème fraîche – da werden Erinnerungen an den letzten Ski- oder Wanderurlaub wach. Aber warum sollten Sie diese Köstlichkeit nicht auch zu Hause genießen? Es geht ganz einfach …

600 g vorwiegend festkochende Kartoffeln
1 Ei
50 g Crème fraîche
100 g Emmentaler, frisch gerieben
Salz und Pfeffer
Muskat, frisch gerieben

Für 4 Personen

Zubereitungszeit: 25 Minuten
Garzeit: ca. 20 Minuten

Den Backofen auf 200°C Ober- und Unterhitze vorheizen. | Die Kartoffeln schälen, waschen und fein raspeln. Mithilfe eines Geschirrtuchs die Kartoffeln gut ausdrücken und dabei den Kartoffelsaft auffangen. Den Kartoffelsaft kurz stehen lassen, damit sich die Stärke absetzen kann, dann das Wasser abgießen und die abgesetzte Stärke in einer Schüssel mit den Kartoffelraspeln, dem Ei, der Crème fraîche und dem Emmentaler vermengen. Die Röstimasse mit Salz, Pfeffer und Muskat würzen. | Kleine Portionen von der Masse abnehmen und kleine Häufchen mit genügend Abstand auf ein mit Backpapier belegtes Backblech setzen. Die Häufchen anschließend leicht flach drücken. Die Rösti im Backofen in 15–20 Minuten goldbraun backen. Aus dem Backofen nehmen und servieren.

Mini-Kartoffelgratins

Klein, aber fein: Der Klassiker aus Frankreich im Mini-Format lässt bei Liebhabern der französischen Küche keine Wünsche offen.

2 Knoblauchzehen
1 kg festkochende Kartoffeln
60 g Schinken
ca. 300 g Sahne
100 g Käse, frisch gerieben
(z. B. Gruyère oder Emmentaler)
2 EL frisch gehackter Thymian
50 g Crème fraîche
Salz und Pfeffer
Muskat, frisch gerieben

**Für 6 ofenfeste Förmchen
(Ø 10 cm)**

Zubereitungszeit: 20 Minuten
Garzeit: ca. 35 Minuten

Den Backofen auf 200 °C Ober- und Unterhitze vorheizen. | Den Knoblauch schälen und die Förmchen mit den Knoblauchzehen einreiben. Die Kartoffeln waschen, schälen und in sehr dünne Scheiben schneiden oder hobeln. Die Kartoffelscheiben gleichmäßig in die Förmchen schichten. Den Schinken in Würfel oder Streifen schneiden. Die Sahne mit dem Schinken, dem Käse, dem Thymian und der Crème fraîche verrühren. Mit Salz, Pfeffer und Muskat würzen und über die Kartoffeln gießen. | Die Mini-Kartoffelgratins ca. 20 Minuten backen, mit Backpapier abdecken und weitere 10–15 Minuten garen, bis sie schön gebräunt sind. Die Gratins aus dem Backofen nehmen, aus den Förmchen lösen (dazu evtl. am Rand mit einem scharfen Messer entlang schneiden und den Ring nach oben hin abziehen) und nach Belieben mit frischem Salat garniert servieren.

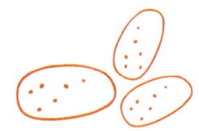

Blätterteigtaschen mit Kartoffel-Frischkäse-Füllung

Außen knusprig und innen cremig: Diese Blätterteigtaschen sind warm und kalt gleichermaßen köstlich und eignen sich daher prima als Snack für das Büro oder als Stärkung auf dem nächsten Herbstspaziergang.

300 g festkochende Kartoffeln
Salz
1 Zwiebel
2–3 EL Butter
200 g Frischkäse
1 EL frisch gehackter Thymian
Pfeffer
Butter, für die Form
300 g Blätterteig, aus dem Kühlregal

Für 1 rechteckige Tarteform (ca. 15 × 30 cm)

Zubereitungszeit: 20 Minuten
Garzeit: ca. 1 Stunde

Die Kartoffeln schälen, waschen und in kochendem Salzwasser ca. 30 Minuten garen.

Die Zwiebel schälen und fein würfeln. 1 EL Butter in einer Pfanne erhitzen, die Zwiebel darin glasig anschwitzen und anschließend in eine Schüssel geben. Die Kartoffeln abgießen und gut ausdampfen lassen. Mit einer Gabel grob zerdrücken, zu den Zwiebeln geben und mit dem Frischkäse und dem Thymian vermengen. Mit Salz und Pfeffer abschmecken.

Den Backofen auf 220 °C Ober- und Unterhitze vorheizen. Die Tarteform mit etwas Butter einfetten.

Den Blätterteig doppelt so groß wie die Tarteform ausrollen und mit einer Hälfte die Form auskleiden, die zweite Hälfte überhängen lassen. Die Kartoffelmasse auf den Teig geben, gleichmäßig verteilen und mit der zweiten Teighälfte bedecken. Die Ränder gut andrücken.

Die übrige Butter in einem Topf schmelzen lassen und damit den Teig bepinseln. Die Tarte im Backofen in ca. 30 Minuten goldbraun backen und in Stücke geschnitten servieren.

Spargel-Kartoffel-Tarte mit Frühlingskräutern

Spargel und Kartoffeln sind ein geschmackliches Traumpaar und machen aus einer schlichten Tarte ein raffiniertes Frühlingsgericht!

Für den Teig:
60 g saure Sahne
200 g Mehl
1 Ei
1 Prise Salz
Olivenöl, für die Form
Mehl, zum Arbeiten

Für den Belag:
300 g mehligkochende Kartoffeln
500 g grüner Spargel
Salz
100 ml Buttermilch
150 g Crème légère
4 Eier
50 g Gruyère, frisch gerieben
1 Handvoll frisch gehackte Frühlingskräuter (z. B. Kerbel, Bärlauch und Schnittlauch)
Muskat, frisch gerieben

Für 1 Tarteform (Ø 28 cm)

Zubereitungszeit: 45 Minuten
Wartezeit: ca. 30 Minuten
Garzeit: ca. 1 Stunde 20 Minuten

Für den Teig die saure Sahne mit dem Mehl, dem Ei, dem Salz und nach Bedarf 1–2 EL kaltem Wasser rasch zu einem geschmeidigen Teig verkneten. Den Teig in Frischhaltefolie wickeln und für ca. 30 Minuten in den Kühlschrank stellen. Die Kartoffeln waschen und in ca. 30 Minuten gar dämpfen. |

Den Backofen auf 200 °C Ober- und Unterhitze vorheizen. Die Tarteform mit etwas Olivenöl auspinseln. |

Den Teig auf eine bemehlte Arbeitsfläche geben und auf die Größe der Tarteform ausrollen. Die geölte Form mit dem Teig auskleiden und dabei einen Rand hochziehen. |

Für den Belag das untere Drittel vom grünen Spargel schälen und die Stangen in ca. 3 cm lange Stücke schneiden. 2–3 Minuten in kochendem Salzwasser blanchieren, abschrecken und gut abtropfen lassen. Die gegarten Kartoffeln schälen, stampfen und ausdampfen lassen. Die Buttermilch mit der Crème légère, den Eiern, dem Gruyère und den Kräutern verrühren. Mit Salz und Muskat würzen und die Kartoffeln sowie den Spargel unterheben. Die Masse auf dem Teigboden verteilen und im Backofen in ca. 50 Minuten goldbraun backen. Sollte die Tarte zu dunkel werden, mit Alufolie abdecken. |

Die Tarte nach Belieben noch heiß oder lauwarm servieren.

Kartoffelpizza mit Oliven und Knoblauch

Diese köstliche Pizza Bianca hat alles, was Pizza- und Kartoffelliebhaber glücklich macht: Einen krossen Teig und einen köstlichen Belag aus Ricotta und knusprigen Kartoffelscheiben, die mit einem Knoblauchöl aromatisiert werden.

Für den Teig:
250 g Mehl
50 g Hartweizengrieß
1–2 TL Salz
½ Würfel frische Hefe (21 g)
1 TL Zucker
Für den Belag:
60 g grüne Oliven, entsteint
1 Knoblauchzehe
60 ml Olivenöl
1 EL frisch gehackter Oregano
400–500 g festkochende Kartoffeln (z. B. Bamberger Hörnchen)
Mehl und Hartweißengrieß, zum Arbeiten
80 g Ricotta
4 EL frisch geriebener Parmesan
grobes Meersalz
frischer Oregano, zum Garnieren

Für 2 große Pizzen

Zubereitungszeit: 1 Stunde
Wartezeit: ca. 1 Stunde
Garzeit: ca. 40 Minuten

Das Mehl mit dem Hartweizengrieß und dem Salz in einer Schüssel mischen. In die Mitte eine Vertiefung drücken und die Hefe hineinbröckeln. Den Zucker darauf streuen und mit 1–2 EL lauwarmem Wasser verrühren. Die Schüssel abdecken und den Vorteig ca. 15 Minuten an einem warmen Ort gehen lassen. |

Danach den Vorteig mit ca. 120 ml lauwarmem Wasser zu einem geschmeidigen Teig verkneten. Eventuell noch etwas Mehl oder Wasser hinzufügen. Den Teig zu einer Kugel formen, nochmals abdecken und ca. 45 Minuten gehen lassen. |

Die grünen Oliven klein hacken. Den Knoblauch schälen, pressen und zum Olivenöl geben. Den Oregano einrühren und das Knoblauchöl zur Seite stellen. Die Kartoffeln waschen und längs in dünne Scheiben hobeln. Die Scheiben nochmals waschen und trocken tupfen. |

Den Backofen auf 200 °C Ober- und Unterhitze vorheizen und zwei Backbleche mit Backpapier auslegen. Den Teig halbieren und auf einer mit Mehl und Hartweizengrieß bestreuten Arbeitsfläche zu zwei runden Fladen ausrollen. Die Pizzen auf die Backbleche legen und dünn mit dem Ricotta bestreichen. Die Kartoffelscheiben darauf legen und die Oliven darüber streuen. Die Pizzen je mit etwas Knoblauchöl bepinseln, mit dem Parmesan bestreuen und im Backofen in ca. 20 Minuten goldbraun backen. Danach mit dem übrigem Knoblauchöl beträufeln, mit etwas Meersalz bestreuen und mit frischem Oregano garniert heiß servieren.

Pikanter Kartoffelkuchen mit Apfelspalten, Zwiebeln und Speck

Die Kombination von Kartoffeln und Äpfeln ist durch den Klassiker „Himmel und Erde" bekannt – und auch als Füllung für diesen pikanten Kuchen sind sie ein geschmackliches Traumpaar.

Für den Teig:
350 g Mehl
1 TL Zucker
½ Würfel frische Hefe (21 g)
2 EL Olivenöl
1 TL Salz

Für den Belag:
500 g mehligkochende Kartoffeln, gegart und ausgekühlt
250 g Crème fraîche
4 Eier
Salz und Pfeffer
Muskat, frisch gerieben
2 Frühlingszwiebeln
80 g Speck
1 Apfel
80 g Käse, frisch gerieben
(z. B. Emmentaler)

Für 1 Tarteform (Ø 28 cm)

Zubereitungszeit: 50 Minuten
Wartezeit: 1 Stunde 30 Minuten
Garzeit: ca. 45 Minuten

Für den Teig das Mehl in eine Schüssel geben. In die Mitte eine Vertiefung drücken und die Hefe hineinbröckeln. Mit dem Zucker, 2–3 EL lauwarmem Wasser und etwas Mehl vom Rand verrühren. Die Schüssel abdecken und den Vorteig ca. 30 Minuten gehen lassen. | Anschließend das Olivenöl, das Salz und etwa 120 ml lauwarmes Wasser ergänzen und alles zu einem geschmeidigen Teig verkneten. Den Teig zu einer Kugel formen und abgedeckt weitere ca. 30 Minuten gehen lassen, dann nochmals gut durchkneten und flach drücken. Die Tarteform mit Backpapier auslegen und den Teig hineingeben. Gleichmäßig bis zum Rand andrücken und den Teig weitere ca. 30 Minuten gehen lassen. |

Den Backofen auf 200 °C Ober- und Unterhitze vorheizen. | Für den Belag die Kartoffeln pellen, fein reiben und mit der Crème fraîche und den Eiern vermischen. Mit Salz, Pfeffer und Muskat würzen. Die Masse auf den Teig streichen. Die Frühlingszwiebeln waschen, putzen und in Ringe schneiden. Den Speck in feine Streifen schneiden. Den Apfel waschen, halbieren, das Kerngehäuse herausschneiden und die Hälften in feine Spalten schneiden. Alle Zutaten gleichmäßig auf der Kartoffelmasse verteilen und mit dem Käse bestreuen. Den Kartoffelkuchen im Backofen in ca. 45 Minuten goldbraun backen und warm oder ausgekühlt servieren.

Kartoffel-Galette mit Knoblauch und Parmesan

Aus einfachen Zutaten wird eine Köstlichkeit: Hauchdünne Kartoffelscheiben werden mit Käse und Knoblauchbutter in eine Pfanne geschichtet und knusprig gebacken. Ein feines Glas Weißwein dazu, und der Genuss ist perfekt!

600 g festkochende Kartoffeln
2 Knoblauchzehen
50 g weiche Butter
Salz und Pfeffer
80 g Parmesan, frisch gerieben
ca. 200 ml Fleischbrühe

Für 4 Personen

Zubereitungszeit: 20 Minuten
Garzeit: ca. 40 Minuten

Den Backofen auf 180 °C Ober- und Unterhitze vorheizen. |
Die Kartoffeln schälen, waschen und in feine Scheiben schneiden oder hobeln. Den Knoblauch schälen, in ein Schälchen pressen und mit der Butter sowie etwas Salz und Pfeffer vermengen. |
Eine ofenfeste Pfanne (z. B. aus Gusseisen) mit etwas Knoblauchbutter auspinseln. Den Boden leicht überlappend mit Kartoffelscheiben auslegen, diese mit etwas Knoblauchbutter bepinseln und mit ein wenig Parmesan bestreuen. Mit einer zweiten Schicht Kartoffeln belegen und so fortfahren, bis alle Zutaten eingeschichtet sind. Die Fleischbrühe angießen, bis die Scheiben knapp bedeckt sind. |
Die Kartoffel-Galette im Backofen in ca. 45 Minuten goldbraun backen. Wird die obere Schicht zu dunkel, mit Alufolie abdecken. Heiß servieren.

Tartiflette

Dieser französische Kartoffelauflauf ist ein Wohlfühlessen vom Feinsten, mit dem Sie sich und Ihre Familie an einem verregneten Herbst- oder Winterabend verwöhnen können.

1 kg festkochende Kartoffeln
100 g Speck
2 Zwiebeln
2 Knoblauchzehen
Salz und Pfeffer
Muskat, frisch gerieben
200 ml Milch
125 g Crème fraîche
200 g Reblochon, gewürfelt

Für 4 Personen

Zubereitungszeit: 20 Minuten
Garzeit: ca. 45 Minuten

Den Backofen auf 220 °C Ober- und Unterhitze vorheizen. Die Kartoffeln schälen und in ca. 0,5 cm dicke Scheiben schneiden. Den Speck in Streifen schneiden. Die Zwiebeln schälen und fein würfeln. Den Knoblauch schälen und in Scheiben schneiden. Den Speck in einer beschichteten Pfanne auslassen und wieder aus der Pfanne nehmen. Die Zwiebeln und die Kartoffelscheiben in das ausgelassene Fett geben. Zugedeckt in ca. 10 Minuten langsam goldbraun braten und dabei ab und zu vorsichtig wenden. Dann den Knoblauch und den Speck untermengen und mit Salz, Pfeffer und Muskat kräftig würzen.
Die Kartoffel-Speck-Mischung in eine Auflaufform füllen und die Milch darüber gießen. Die Crème fraîche auf dem Auflauf verteilen und den gewürfelten Reblochon darüber streuen. Im Backofen in 25–30 Minuten goldbraun überbacken und heiß servieren.

Fischauflauf mit Kartoffelpüree-Haube

Dieser Klassiker aus Großbritannien ist mild im Geschmack und trotzdem raffiniert: Unter einer gebackenen Kartoffelpüree-Haube verbergen sich Fisch, Garnelen und Lauch in einer delikaten Sauce.

400 g mehligkochende Kartoffeln
Salz
500 g Fischfilets, küchenfertig
(z. B. Kabeljau oder Seelachs)
250 g Garnelen, küchenfertig
1 Stange Lauch
4 EL Butter
2 EL Mehl
ca. 475 ml Milch
100 g Crème fraîche
Pfeffer
Butter, für die Förmchen
2 EL frisch gehackte Petersilie
2 EL Zitronensaft
50 g Käse, frisch gerieben
(z. B. Cheddar)
Muskat, frisch gerieben

Für 4 Personen

Zubereitungszeit: 45 Minuten
Garzeit: ca. 1 Stunde 10 Minuten

Die Kartoffeln schälen, waschen, und in kochendem Salzwasser ca. 30 Minuten garen. |
Den Backofen auf 200 °C Ober- und Unterhitze vorheizen. |
Die Fischfilets waschen, trocken tupfen und in mundgerechte Stücke schneiden. Die Garnelen abbrausen und trocken tupfen. Den Lauch waschen, putzen und in Ringe schneiden. |
2 EL Butter in einem Topf erhitzen und den Lauch darin 2–3 Minuten farblos anschwitzen, das Mehl kurz mitschwitzen, 400 ml Milch einrühren und die Sauce in etwa 10 Minuten sämig köcheln lassen. Die Crème fraîche unterrühren, vom Herd nehmen und mit Salz und Pfeffer kräftig abschmecken. |
Vier ofenfeste Förmchen mit der Butter einfetten und den Fisch, die Garnelen und die Petersilie hineinfüllen. Mit dem Zitronensaft beträufeln und mit der Sauce übergießen. |
Die Kartoffeln abgießen, ausdampfen lassen und zerstampfen. Die übrige Milch in einem Topf erwärmen und mit der restlichen Butter sowie dem Käse unter die Kartoffeln rühren. Das Kartoffelpüree mit Salz und Muskat abschmecken und auf der Füllung verteilen. |
Den Fischauflauf im Backofen in ca. 25 Minuten goldbraun backen, aus dem Backofen nehmen und servieren.

Überbackener Lauch-Kartoffel-Auflauf mit Ananas

Ananas und Currypulver machen diesen klassischen Auflauf zu einem besonderen Geschmackserlebnis.

500 g festkochende Kartoffeln
Salz
Butter, für die Form
400 g Lauch
1 Zwiebel
15 g Ingwer
1 EL Pflanzenöl
350 g gemischtes Hackfleisch
ca. 150 ml Fleischbrühe
Pfeffer
1 TL Currypulver
350 g Ananasfruchtfleisch
50 g Gouda, frisch gerieben
50 g Mozzarella, frisch gerieben

Für 4 Personen

Zubereitungszeit: 35 Minuten
Garzeit: ca. 1 Stunde

Die Kartoffeln waschen und ca. 15–20 Minuten in kochendem Salzwasser garen. Anschließend abgießen, ausdampfen lassen, pellen und in Scheiben schneiden.

Den Backofen auf 200 °C Ober- und Unterhitze vorheizen und eine Auflaufform mit Butter einfetten.

Den Lauch waschen, putzen und in 1 cm dicke Scheiben schneiden. Die Zwiebel und den Ingwer schälen und fein würfeln. Das Pflanzenöl in einem Topf erhitzen und darin die Zwiebel- und Ingwerwürfel zusammen mit dem Hackfleisch krümelig braten. Mit der Fleischbrühe ablöschen, kurz aufkochen lassen, dann mit Salz, Pfeffer und dem Currypulver würzen. Abschmecken und in die gebutterte Auflaufform geben.

Das Ananasfruchtfleisch in kleine Stücke schneiden und mit den Kartoffeln und dem Lauch über dem Hackfleisch verteilen. Mit dem Gouda und dem Mozzarella bestreuen und im Backofen ca. 30 Minuten backen. Aus dem Backofen nehmen und heiß servieren.

Dreierlei Kartoffeln vom Blech

Mit einem Quark-Dip und einem Salat serviert gibt es kaum ein anderes Gericht, das so schnell gemacht ist und so lecker schmeckt. In diesem Rezept werden die Kartoffeln mit Thymian, Basilikum und Kümmel gewürzt – Sie können die Gewürze aber jederzeit nach Ihrem Geschmack abändern!

1 kg festkochende Kartoffeln
3–4 EL Olivenöl
grobes Meersalz
1 EL frisch gehackter Thymian
1 EL getrocknetes Basilikum
1–2 TL Kümmelsamen

Für 4 Personen

Zubereitungszeit: 15 Minuten
Garzeit: ca. 35 Minuten

Den Backofen auf 200 °C Ober- und Unterhitze vorheizen. | Die Kartoffeln waschen, gründlich abbürsten und längs halbieren. Das Backblech dünn mit etwas von dem Olivenöl bepinseln. Die Kartoffeln mit den Schnittflächen nach oben darauf legen, mit dem übrigen Olivenöl bestreichen und mit etwas Meersalz würzen. Ein Drittel der Kartoffeln mit dem Thymian, ein weiteres Drittel mit dem Basilikum und die übrigen Kartoffeln mit den Kümmelsamen bestreuen. | Die Kartoffeln im Backofen ca. 35 Minuten (je nach Größe der Kartoffeln eventuell auch länger) backen und anschließend heiß servieren.

Ofenkartoffeln mit verschiedenen Frischkäsefüllungen

Durch das Garen in der Salzkruste werden die mit Rosmarin gewürzten Ofenkartoffeln besonders aromatisch.

Für die Ofenkartoffeln:
1 kg festkochende, mittelgroße Kartoffeln
2 ½ kg grobes Meersalz
2 Eiweiß
2 Zweige Rosmarin

Für die Füllungen:
200 g Sauerrahm
400 g körniger Frischkäse
Salz und weißer Pfeffer
1–2 EL Zitronensaft
1 Handvoll Schnittlauch
100 g Bündnerfleisch
100 g Räucherlachs
frischer Oregano, zum Garnieren
4 EL Lachskaviar, zum Garnieren
frischer Dill, zum Garnieren

Für 4 Personen

Zubereitungszeit: 1 Stunde
Garzeit: ca. 1 Stunde 10 Minuten

Den Backofen auf 220 °C Ober- und Unterhitze vorheizen. Die Kartoffeln waschen und trocken tupfen. Für den Salzmantel die Eiweiße verquirlen und mit dem Meersalz und nach Bedarf etwas kaltem Wasser vermengen. Etwa die Hälfte der Masse auf ein mit Backpapier ausgelegtes Backblech verteilen und darauf die Kartoffeln legen. Die Rosmarinnadeln von den Zweigen zupfen und diese über die Kartoffeln streuen. Die Kartoffeln mit der restlichen Salzmasse vollständig bedecken und im Backofen ca. 70 Minuten garen. Für die Füllungen den Sauerrahm mit dem körnigen Frischkäse verrühren und mit Salz, weißem Pfeffer sowie dem Zitronensaft abschmecken. Den Schnittlauch waschen, trocken schütteln, in feine Röllchen schneiden und unter ein Drittel der Frischkäsemasse mengen. Die Kartoffeln aus dem Ofen nehmen und die Salzkruste entfernen. Die Kartoffeln kurz auskühlen lassen und mit einem kleinen Löffel aushöhlen, sodass ein noch ca. 1 cm dicker Rand übrig bleibt. Die Schnittlauchcreme mit einem Drittel der Kartoffelmasse mischen und ein Drittel der Kartoffeln damit befüllen. Das Bünderfleisch in Streifen schneiden und den Räucherlachs in Stücke zupfen. Die übrige Kartoffelmasse mit der restlichen Frischkäsemasse mischen. Diese auf die restlichen Kartoffeln verteilen und die Hälfte der Kartoffeln mit dem Bündnerfleisch und dem Oregano garnieren. Die übrigen Kartoffeln mit dem Räucherlachs und dem Kaviar belegen und mit dem Dill bestreuen.

Violette Ofenkartoffeln mit Schmand, Zwiebeln und Tomaten

Dieses farbenfrohe Gericht ist ein geschmackliches und optisches Vergnügen, mit dem Sie Ihre Familie und Gäste verwöhnen können.

Für die Ofenkartoffeln:
1 TL Koriandersamen
1 TL Kümmel
1 EL grobes Meersalz
4 EL Sonnenblumenöl
4 große, violette Kartoffeln
(à ca. 250 g)
Für die Füllung:
1 Knoblauchzehe
350 g Schmand
Salz
1–2 TL Zitronensaft
4 Kirschtomaten
1 kleine, rote Zwiebel
gemahlener Chili
(z. B. Piment d´Espelette)
Petersilienblätter, zum Garnieren

Für 4 Personen

Zubereitungszeit: 25 Minuten
Garzeit: ca. 1 Stunde

Den Backofen auf 200 °C Ober- und Unterhitze vorheizen. Die Koriandersamen mit dem Kümmel im Mörser grob zerstoßen und mit dem Meersalz und dem Sonnenblumenöl zu einem Gewürzöl vermengen.

Die Kartoffeln waschen und trocken tupfen. Auf vier ausreichend große Stücke Alufolie legen und mit dem Gewürzöl rundherum bepinseln. Anschließend die Kartoffeln fest in die Folie einwickeln, auf ein Backblech legen und im vorgeheizten Backofen ca. 1 Stunde backen. Um den Garpunkt zu überprüfen, eine Kartoffel mit einer Gabel einstechen. Lässt sie sich leicht wieder herausziehen ziehen, ist die Kartoffel gar.

Für die Schmandcreme den Knoblauch schälen und in eine Schüssel pressen. Den Schmand dazuzugeben, mit dem Knoblauch verrühren und mit etwas Salz und dem Zitronensaft abschmecken.

Die Kirschtomaten waschen, putzen und halbieren. Die rote Zwiebel schälen und fein würfeln.

Die Kartoffeln aus dem Ofen nehmen, auspacken, vorsichtig längs einschneiden (am besten mit Grillhandschuhen arbeiten) und auf eine Servierplatte legen. Vor dem Befüllen die Kartoffeln leicht auseinanderdrücken. Anschließend in jede Kartoffel etwas von der Schmandcreme hineingeben. Die Tomaten und die Zwiebeln auf den Kartoffeln verteilen, mit etwas Chili bestreuen und mit Petersilienblättern garniert servieren. Die übrige Schmandcreme separat dazu reichen.

Gefüllte Ofenkartoffeln mit Birne und Salami

Die süßen Birnen und die herzhafte Salami vereinen sich zu einer ungewöhnlichen Füllung für Ofenkartoffeln, die schon mit dem ersten Bissen überzeugt!

4 große, festkochende Kartoffeln
(à ca. 250 g)
2–3 EL Pflanzenöl
Salz und Pfeffer
1 Birne
60 g Salami, in dünne Scheiben
geschnitten
1 EL frisch gehackter Thymian
1 EL gehobelte Haselnüsse, zum
Garnieren
ca. 100 g Crème fraîche

Für 4 Personen

Zubereitungszeit: 20 Minuten
Garzeit: ca. 50 Minuten

Die Kartoffeln waschen und in ca. 35 Minuten gar dämpfen. Anschließend mindestens 3 Stunden auskühlen lassen. Längs halbieren und bis auf einen gut 1 cm dicken Rand aushöhlen. Die ausgehöhlte Kartoffelmasse in Würfel schneiden.

Den Backofen auf 120 °C Ober- und Unterhitze vorheizen.

Die Kartoffelhälften mit den Schnittflächen nach oben auf ein mit Backpapier belegtes Backblech setzen, mit etwas Pflanzenöl bepinseln, mit Salz und Pfeffer würzen und etwa 15 Minuten backen.

Für die Füllung das restliche Pflanzenöl in einer Pfanne erhitzen und die Kartoffelwürfel darin in etwa 5 Minuten goldbraun braten.

Die Birne waschen, vierteln, das Kerngehäuse herausschneiden und die Viertel würfeln. Die Birnenwürfel zu den Kartoffeln geben und 1–2 Minuten heiß werden lassen. Die Salami in Stücke zupfen und mit dem Thymian untermengen. Mit Salz und Pfeffer abschmecken.

Die Kartoffeln aus dem Backofen nehmen und mit der Kartoffelmischung füllen. Mit den Haselnussblättchen bestreuen und mit der Crème fraîche servieren.

Kartoffelsuppe mit knackigem Wurzelgemüse und Speck

Diese deftige Suppe wird veredelt durch eine aromatische Einlage aus knackigen Gemüsestreifen und einer Garnierung aus knusprigem Speck und frischem Schnittlauch. Ein Wohlfühlessen vom Feinsten!

500 g mehligkochende
Kartoffeln
200 g Knollensellerie
1 Zwiebel
1 Knoblauchzehe
2 EL Butter
80 ml trockener Weißwein
ca. 750 ml Gemüsebrühe
Salz und Pfeffer
1 große Möhre
1 Petersilienwurzel
1 Frühlingszwiebel
4 Scheiben Speck
1 TL Rapsöl
100 g Sahne
Muskat, frisch gerieben
Schnittlauchröllchen,
zum Garnieren

Für 4 Personen

Zubereitungszeit: 30 Minuten
Garzeit: ca. 25 Minuten

Die Kartoffeln und den Knollensellerie schälen, waschen und in kleine Würfel schneiden. Die Zwiebel und den Knoblauch schälen und fein würfeln. Die Butter in einem Topf erhitzen und die Zwiebel- und Knoblauchwürfel darin glasig anschwitzen. Die Gemüsewürfel zugeben, kurz mit anschwitzen, mit dem Weißwein ablöschen und mit der Gemüsebrühe auffüllen. Die Suppe mit Salz und Pfeffer würzen und bei mittlerer Hitze ca. 20 Minuten köcheln lassen.

Die Möhre, die Petersilienwurzel und die Frühlingszwiebel waschen, putzen und in dünne Streifen schneiden. In kochendem Salzwasser zuerst die Möhren- und Petersilienwurzelstreifen 4 Minuten blanchieren. Dann die Frühlingszwiebel für ca. 30 Sekunden mitblanchieren. Die Gemüsestreifen abgießen, eiskalt abschrecken und abtropfen lassen. Den Speck in dünne Streifen schneiden. Das Rapsöl in einer Pfanne erhitzen und die Speckstreifen darin knusprig ausbraten. Herausnehmen und auf etwas Küchenkrepp abtropfen lassen.

Die Suppe pürieren, die Sahne unterrühren und anschließend noch einmal aufkochen lassen. Je nach gewünschter Konsistenz noch ein wenig Brühe ergänzen oder die Suppe etwas einkochen lassen. Die Suppe mit Salz, Pfeffer und Muskat abschmecken und in 4 Suppenteller füllen. Das Gemüse als Suppeneinlage dazu geben und die Suppe mit Speck und Schnittlauchröllchen garniert servieren.

Kartoffelsuppe mit Pesto und Blätterteiglöffel

Die Kombination von Kartoffeln und Pesto mag auf den ersten Blick ungewöhnlich erscheinen, schmeckt aber hervorragend! Und ein Augenschmaus ist diese Suppe auch.

Für die Blätterteiglöffel:
100 g Blätterteig, aus dem Kühlregal
1 Eigelb
Für die Suppe:
500 g mehligkochende Kartoffeln
1 Petersilienwurzel
1 Zwiebel
1 Knoblauchzehe
2 EL Butter
100 ml trockener Weißwein
600 ml Gemüsebrühe
200 g Sahne
50 g Parmesan, frisch gerieben
Salz und weißer Pfeffer
Muskat, frisch gerieben
3 EL Basilikumpesto, aus dem Glas

Für 4 Personen

Zubereitungszeit: 45 Minuten
Garzeit: ca. 30 Minuten

Den Backofen auf 200 °C Ober- und Unterhitze vorheizen. Den Blätterteig ausbreiten, einen Bestecklöffel als Schablone auflegen und mit einem scharfen Messer die Ränder nachfahren. Auf diese Weise aus dem Teig vier Löffel schneiden. Die Teiglöffel auf ein mit Backpapier belegtes Backblech legen und mit dem Eigelb bestreichen. Im vorgeheizten Backofen in 10–12 Minuten goldgelb backen. Herausnehmen und auskühlen lassen.

In der Zwischenzeit für die Suppe die Kartoffeln und die Petersilienwurzel schälen, waschen und in grobe Würfel schneiden. Die Zwiebel und den Knoblauch schälen und fein würfeln. Die Butter in einem Topf erhitzen und die Zwiebel- und Knoblauchwürfel darin glasig schwitzen. Die Gemüsewürfel zugeben und mit dem Weißwein ablöschen. Die Gemüsebrühe angießen und mit geschlossenem Deckel ca. 15 Minuten bei mittlerer Hitze köcheln lassen.

Die Suppe mit dem Stabmixer fein pürieren und die Sahne und den Parmesan unterrühren. Mit Salz, weißem Pfeffer und Muskat würzig abschmecken.

Die Suppe auf 4 Teller verteilen, mit jeweils einigen Klecksen Basilikumpesto und dem Blätterteiglöffel garnieren und servieren.

Kartoffelsuppe mit Currybutter und knusprigen Croûtons

Durch Currybutter und schwarzen Sesam wird aus einer bodenständigen Kartoffelsuppe ein außergewöhnliches Geschmackserlebnis. Probieren Sie es aus!

2 Stangen Lauch, nur das Weiß
2 Fenchel
500 g mehligkochende Kartoffeln
2 Knoblauchzehen
ca. 60 g Butter
Salz und Pfeffer
ca. 800 ml Geflügel- oder Gemüsebrühe
2 dicke Scheiben Weißbrot
Pflanzenöl, zum Braten und Frittieren
3–4 Petersilienstängel
1 TL Currypulver
200 g Sahne
1–2 TL Zitronensaft
schwarzer Sesam, zum Garnieren

Für 4 Personen

Zubereitungszeit: 35 Minuten
Garzeit: ca. 30 Minuten

Den Lauch waschen, putzen und in Ringe schneiden. Den Fenchel waschen, putzen, den harten Strunk herausschneiden und den Fenchel in Streifen schneiden. Die Kartoffeln schälen, waschen und würfeln. Den Knoblauch schälen. 2 EL Butter in einem Topf erhitzen und das Gemüse mit dem Knoblauch darin 2–3 Minuten anschwitzen. Mit Salz und Pfeffer würzen, die Brühe angießen und unter gelegentlichem Rühren etwa 20 Minuten leise köcheln lassen. |

In der Zwischenzeit das Weißbrot entrinden, in große Würfel schneiden und in einer heißen Pfanne in 2 EL Pflanzenöl goldbraun und knusprig braten. Die Croûtons auf Küchenkrepp abtropfen lassen. Die Petersilienstängel abbrausen, trocken schütteln und die Blätter abzupfen. Die Blätter portionsweise in heißem Pflanzenöl in einem kleinen Topf knusprig frittieren. Ebenfalls auf Küchenkrepp abtropfen lassen. Die übrige Butter mit dem Currypulver in einer Pfanne erhitzen und aufschäumen lassen. |

Die Suppe pürieren und durch ein feines Sieb streichen. Danach die Suppe zurück in den Topf geben und mit der Sahne aufkochen lassen. Mit Salz, Pfeffer und dem Zitronensaft abschmecken. |

Die Suppe in 4 Schüsseln füllen und mit den Croûtons sowie der Petersilie garnieren. Mit der Currybutter beträufeln und mit schwarzem Sesam bestreut servieren.

Brokkolicremesuppe mit Trüffelkartoffel-Ravioli

Mit ihrem exquisiten Geschmack und ihrem Farbenspiel ist diese Suppe ein Fest für die Sinne!

Für die Ravioli:
400 g Trüffelkartoffeln
Salz, Muskat und Pfeffer
3 Eigelb
2 EL Olivenöl
2–3 EL Kartoffelstärke
1 Knoblauchzehe
80 g Räucherspeck, gewürfelt
100 g Ricotta, abgetropft
1 EL frisch geriebener Parmesan

Für die Suppe:
2 Stangen Staudensellerie
500 g Brokkoli
250 g mehligkochende Kartoffeln
2 EL Butter
1–2 EL Mehl
ca. 800 ml Fleischbrühe
Salz und Pfeffer
1 Handvoll Petersilienblätter
200 g Sahne

Für 4 Personen

Zubereitungszeit: 1 Stunde
Garzeit: ca. 1 Stunde 40 Minuten

Den Backofen auf 160 °C Ober- und Unterhitze vorheizen. |
Die Trüffelkartoffeln waschen, auf ein Backblech legen und im Backofen ca. 1 Stunde garen. Anschließend pellen und durch die Kartoffelpresse in eine Schüssel drücken. Mit Salz und Muskat würzen und mit 2 Eigelb, 1 EL Olivenöl und der Kartoffelstärke zu einem Teig verkneten. Zugedeckt ca. 30 Minuten ruhen lassen. |
Für die Suppe den Staudensellerie waschen und klein schneiden. Einige Blätter zum Garnieren beiseitelegen. Den Brokkoli waschen, in Röschen zerteilen und den Stiel schälen und klein schneiden. Einige Röschen beiseitelegen. Die Kartoffeln schälen und würfeln. Die Butter in einem Topf erhitzen. Das vorbereitete Gemüse darin kurz anschwitzen, mit dem Mehl bestäuben und die Fleischbrühe angießen. Mit Salz und Pfeffer würzen und das Gemüse in ca. 20 Minuten weich köcheln. |
Für die Ravioli-Füllung den Knoblauch schälen, fein hacken und in 1 EL Olivenöl mit dem Räucherspeck kurz anschwitzen. Anschließend abkühlen lassen. Den Ricotta mit dem Parmesan untermischen und mit Salz und Pfeffer würzen. |
Den Teig auf einer mit Kartoffelstärke bestäubten Arbeitsfläche dünn ausrollen. Eine Hälfte mit dem Eigelb bepinseln und kleine Häufchen der Füllung darauf setzen. Die zweite Hälfte vorsichtig darüber legen, um die Füllungen herum andrücken und kleine Ravioli ausstechen. Die Ravioli in simmerndem Salzwasser ca. 5 Minuten garen. Die Petersilienblätter zur Suppe geben. Die Suppe pürieren, durch ein feines Sieb streichen und mit der Sahne aufkochen lassen. Die Brokkoliröschen in der Suppe gar ziehen lassen und abschmecken. Die Suppe auf 4 Teller verteilen, die Ravioli darauf setzen und mit Selleriegrün garnieren.

Kartoffelgulasch mit Sauerrahm

Mit diesem Rezept steht mit wenig Zeitaufwand ein köstliches vegetarisches Gericht auf dem Tisch. Ein gesundes Essen für die ganze Familie!

300 g Zwiebeln
2 Knoblauchzehen
800 g festkochende Kartoffeln
200 g Süßkartoffeln
2 EL Pflanzenöl
2 EL Tomatenmark
ca. 500 ml Gemüsebrühe
Cayennepfeffer
edelsüßes Paprikapulver
Salz
50 g saure Sahne
2 EL frisch gehackte Petersilie

Für 4 Personen

Zubereitungszeit: 30 Minuten
Garzeit: ca. 25 Minuten

Die Zwiebeln und den Knoblauch schälen und fein würfeln. Die Kartoffeln und die Süßkartoffeln schälen, waschen und in mundgerechte Stücke schneiden. |
Das Pflanzenöl in einem großen Topf erhitzen und die Zwiebeln mit dem Knoblauch darin glasig anschwitzen. Die Kartoffeln und die Süßkartoffeln zugeben, das Tomatenmark einrühren und leicht Farbe annehmen lassen. Mit der Gemüsebrühe ablöschen und mit geschlossenem Deckel 20–25 Minuten garen, bis die Kartoffeln weich sind. Bei Bedarf noch etwas Brühe nachgießen. Mit Cayennepfeffer, Paprikapulver und Salz würzen. Die saure Sahne einrühren und das Gulasch mit der Petersilie und etwas Paprikapulver bestreut servieren.

Kartoffel-Pastinaken-Püree mit Zitrone und Knoblauch

Kartoffeln und Pastinaken vereinen sich zu einem cremigen Püree, das durch die Zugabe von Zitronenschale und Knoblauch eine mediterrane Note bekommt.

800 g mehligkochende Kartoffeln
2 mittelgroße Pastinaken
Salz
2 Knoblauchzehen
1 TL Olivenöl
1–2 TL geriebene Schale von
1 unbehandelten Zitrone
2 EL frisch gehackte Petersilie
120 g Crème fraîche
Pfeffer

Für 4 Personen

Zubereitungszeit: 20 Minuten
Garzeit: ca. 25 Minuten

Die Kartoffeln und die Pastinaken schälen, waschen, in grobe Stücke schneiden und in kochendem Salzwasser ca. 20–25 Minuten garen. Das gegarte Gemüse abgießen und etwas ausdampfen lassen. Anschließend das Gemüse wieder zurück in den Topf geben und mit dem Kartoffelstampfer grob zerdrücken.

Während das Gemüse gart, den Knoblauch schälen und fein würfeln. Das Olivenöl in einer Pfanne erhitzen und den Knoblauch darin anschwitzen. Den Knoblauch zusammen mit der Zitronenschale, der Petersilie und der Crème fraîche unter das Püree rühren. Das Püree mit Salz und Pfeffer abschmecken und servieren.

Apfel-Kartoffelstampf mit Hackfleischbällchen

Feine Streifen von Chicorée und Ringelbete geben dem Apfel-Kartoffelstampf seine besondere Farbe und Textur. Gekrönt wird dieses Gericht durch knusprige Hackbällchen.

Für den Apfel-Kartoffelstampf:
250 g kleine Ringelbete
400 g mehligkochende Kartoffeln
Salz
1 Apfel
3 EL Zitronensaft
1 Chicorée
ca. 100 g Sahne
30 g Butter
1 EL frisch gehackter Thymian
Für die Hackfleischbällchen
1 Knoblauchzehe
1 Eigelb
1 Handvoll frisch gehackte Petersilie
2 EL Semmelbrösel
400 g Hackfleisch
(z. B. Lamm- oder Rind)
Salz, Pfeffer und Zimt
2 EL Butterschmalz

Für 4 Personen

Zubereitungszeit: 35 Minuten
Garzeit: ca. 45 Minuten

Die Ringelbete waschen, putzen und in ca. 45 Minuten gar dämpfen. Die Kartoffeln schälen, waschen und in kochendem Salzwasser ca. 30 Minuten garen.

In der Zwischenzeit den Apfel schälen, vierteln, das Kerngehäuse herausschneiden und die Viertel würfeln. 5 Minuten vor Ende der Garzeit die Apfelwürfel mit 2 EL Zitronensaft zu den Kartoffeln geben und zusammen weich garen.

Den Knoblauch schälen und fein würfeln. Mit dem Eigelb, der Petersilie und den Semmelbröseln unter das Hackfleisch kneten. Mit Salz, Pfeffer und einer kleinen Prise Zimt würzen und aus der Masse etwa 8 kleine Bällchen formen. Das Butterschmalz in einer Pfanne erhitzen und die Bällchen darin rundherum in 6–8 Minuten langsam goldbraun braten.

Den Chicorée waschen, putzen und in feine Streifen schneiden. Die Sahne in einem Topf erwärmen. Die Kartoffeln mit dem Apfel abgießen, ausdampfen lassen und anschließend in einer Schüssel mit dem Kartoffelstampfer grob zerdrücken. Dabei die Butter und die warme Sahne untermengen.

Die Ringelbete kurz abschrecken, pellen und in feine Streifen schneiden. Zusammen mit dem Chicorée und dem Thymian unter den Stampf heben und mit dem restlichen Zitronensaft und Salz abschmecken. Den Apfel-Kartoffelstampf in Schüsseln füllen, die Hackbällchen darauf setzen und nach Belieben mit einem Hauch Zimt bestreut servieren.

Violette Kartoffelbratlinge mit Frischkäsedip

Diese knusprigen, mit Kräutern verfeinerten Kartoffelbratlinge haben Suchtpotential für Groß und Klein. Mit dem Frischkäsedip und einem knackigen Salat serviert sind sie ein herrlich leichtes Mittag- oder Abendessen.

Für die Bratlinge:
500 g violette Kartoffeln
(z. B. Vitelotte)
Salz
2 Zwiebeln
1 Ei
2–3 EL frisch gehackter Dill
1–EL frisch gehackte Petersilie
50 g Pecorino, frisch gerieben
Pfeffer
Muskat, frisch gerieben
2–3 EL Pflanzenöl
Für den Dip:
150 g Frischkäse
80 g Joghurt
2–3 EL frisch gehackter Dill
1–2 EL Zitronensaft
Salz

Für 4 Personen

Zubereitungszeit: 35 Minuten
Garzeit: ca. 50 Minuten

Die Kartoffeln waschen und in kochendem Salzwasser ca. 25 Minuten garen. |
Die Kartoffeln abgießen, ausdampfen lassen, schälen und grob reiben. Die Zwiebeln ebenfalls schälen, fein würfeln und mit dem Ei, dem Dill, der Petersilie sowie dem Pecorino zu den geriebenen Kartoffeln geben. Die Mischung mit Salz, Pfeffer und Muskat würzen und zu einer gut formbaren Masse vermengen. Aus der Masse mit feuchten Händen etwa 12 kleine Bratlinge formen. Das Pflanzenöl in einer Pfanne erhitzen und die Bratlinge darin von beiden Seiten in 4–5 Minuten goldbraun braten. |
In der Zwischenzeit für den Dip den Frischkäse, den Joghurt, den Dill und den Zitronensaft verrühren und mit etwas Salz abschmecken. Die Bratlinge heiß mit dem Dip servieren.

Kartoffelplätzchen mit Brennnesselspinat

Probieren Sie statt Salzkartoffeln mit Rahmspinat doch einmal diese knusprige Kartoffelversion mit einer Kombination aus Spinat und jungen Brennnesseln – der Geschmack wird Sie überzeugen!

Für die Kartoffelplätzchen:
600 g mehligkochende Kartoffeln
1 Zwiebel
80 g Speck
3–4 EL Butterschmalz
3–4 Stängel krause Petersilie
20 g Schnittlauch
1 Ei
ca. 80 g Mehl
Salz
Muskat, frisch gerieben
Für den Brennnesselspinat:
2–3 Handvoll junge
Brennnesselblätter
2–3 Handvoll junger Spinat
2 Schalotten
2 EL Butter
1 Schuss Sahne
Salz und Pfeffer
Muskat, frisch gerieben

Für 4 Personen

Zubereitungszeit: 35 Minuten
Garzeit: ca. 40 Minuten

Die Kartoffeln waschen und in ca. 30 Minuten gar dämpfen. Anschließend pellen, durch die Kartoffelpresse drücken und abkühlen lassen.

Die Zwiebel schälen und fein würfeln. Den Speck ebenfalls fein würfeln. Die Zwiebel- und Speckwürfel in 1 EL heißem Butterschmalz glasig anschwitzen. Vom Herd nehmen und abkühlen lassen.

Die Petersilie und den Schnittlauch abbrausen und trocken schütteln. Die Petersilienblätter abzupfen und fein hacken. Den Schnittlauch in feine Röllchen schneiden. Die Kräuter mit dem Ei und der Zwiebel-Speck-Mischung zu den Kartoffeln geben. Soviel Mehl ergänzen, bis ein gut formbarer Teig entstanden ist. Mit Salz und Muskat würzen. Den Teig zu einer Rolle mit einem Durchmesser von ca. 5 cm formen, abdecken und ruhen lassen.

Die Brennnesselblätter und den Spinat abbrausen, gut abtropfen lassen und grob hacken. Die Schalotten schälen und fein würfeln.

Die Kartoffelrolle in etwa 1 cm dicke Scheiben schneiden. Das restliche Butterschmalz in einer Pfanne erhitzen und die Plätzchen darin von beiden Seiten in 4–5 Minuten goldbraun ausbacken.

Die Butter in einem Topf erhitzen und die Schalotten darin glasig anschwitzen. Die Brennnesseln und den Spinat zugeben und zusammenfallen lassen. Die Flüssigkeit verdampfen lassen, die Sahne zugeben und mit Salz, Pfeffer und Muskat abschmecken.

Den Brennnesselspinat auf 4 Teller verteilen, die Plätzchen darauf anrichten und servieren.

Schupfnudeln mit Apfel-Sauerkraut

Diese fruchtige Version des schwäbischen Klassikers ist ein aromatisches vegetarisches Hauptgericht.

Für die Schupfnudeln:
600 g mehligkochende Kartoffeln
ca. 100 g Mehl
1 Ei und 1 Eigelb
Salz und Muskat
3–4 EL Maisgrieß
2–3 EL Butterschmalz
Für das Sauerkraut:
1 Zwiebel
1 EL Butterschmalz
600 g Sauerkraut, gut abgetropft
150 ml Apfelsaft
ca. 200 ml Gemüsebrühe
1 Lorbeerblatt
4–5 Wacholderbeeren
½ TL Pfefferkörner
2 kleinere, säuerliche Äpfel
2 EL Butter
2 EL flüssiger Honig
Salz, Pfeffer und Kümmel

Für 4 Personen

Zubereitungszeit: 1 Stunde
Wartezeit: ca. 12 Stunden
Garzeit: ca. 1 Stunde 5 Minuten

Die Kartoffeln schälen, waschen und in kochendem Salzwasser ca. 30 Minuten garen. Die Kartoffeln abgießen, ausdampfen lassen und über Nacht in den Kühlschrank legen. |
Für das Sauerkraut die Zwiebel schälen und fein würfeln. Das Butterschmalz in einem Topf erhitzen und die Zwiebelwürfel darin 1–2 Minuten glasig anschwitzen. Das Sauerkraut untermischen und mit dem Apfelsaft und der Gemüsebrühe ablöschen. Das Lorbeerblatt und die Gewürze in ein Gewürzsäckchen füllen, zum Sauerkraut geben und zugedeckt bei milder Hitze ca. 30 Minuten schmoren lassen. |
Die Kartoffeln durch die Kartoffelpresse drücken, mit dem Mehl, dem Ei und dem Eigelb vermischen und mit Salz und Muskat würzen. Den Teig anschließend etwas ruhen lassen. Nach Bedarf etwas Mehl ergänzen, sodass der Teig gut formbar ist. Den Teig zu fingerförmigen, 5–6 cm langen Schupfnudeln formen und im Maisgrieß wälzen. Das Butterschmalz in einer Pfanne erhitzen und die Schupfnudeln darin in 4–5 Minuten goldbraun braten. |
Die Äpfel waschen, vierteln, das Kerngehäuse herausschneiden und die Viertel würfeln. Die Butter in einer Pfanne erhitzen und die Apfelwürfel darin kurz anschwitzen, mit dem Honig beträufeln und karamellisieren lassen. Die Apfelwürfel unter das Sauerkraut mengen, das Sauerkraut mit Salz, Pfeffer und Kümmel abschmecken und das Gewürzsäckchen entfernen. |
Das Sauerkraut in eine Pfanne umfüllen, die Schupfnudeln darauf anrichten und servieren.

Kartoffelpfanne mit Garnelen

Wenn Sie noch Kartoffeln vom Vortag übrig haben, bereiten Sie doch einmal dieses schmackhafte und farbenfrohe Gericht zu – so einfach lässt sich im Alltag eine köstliche Mahlzeit zaubern!

800 g vorwiegend festkochende
Kartoffeln, gegart
450 g Garnelen, küchenfertig
1–2 Knoblauchzehen
1 rote Paprikaschote
1 grüne Paprikaschote
2–3 Frühlingszwiebeln
4 EL Olivenöl
Salz und Pfeffer
Zitronensaft

Für 4 Personen

Zubereitungszeit: 20 Minuten
Garzeit: ca. 10 Minuten

Die Kartoffeln pellen und in ca. 2 cm große Würfel schneiden. Die Garnelen waschen und trocken tupfen. Den Knoblauch schälen und fein würfeln. Die Paprikaschoten waschen, putzen und in ca. 2 cm große Würfel schneiden. Die Frühlingszwiebeln waschen, putzen und in Röllchen schneiden. |

2 EL Olivenöl in einer Pfanne erhitzen und die Kartoffelwürfel darin ca. 2 Minuten scharf anbraten. Dann wenden und weitere 2–3 Minuten braten. Sobald die Kartoffelwürfel schön braun sind, herausnehmen und die Garnelen zusammen mit dem Knoblauch im übrigen Olivenöl rundherum ca. 2 Minuten braten. Die Paprikaschoten und die Frühlingszwiebeln dazugeben, kurz mitbraten, dann die Kartoffeln wieder untermischen und mit Salz und Pfeffer abschmecken. |

Die Kartoffelpfanne nach Belieben mit einem Spritzer Zitronensaft verfeinern und servieren.

Register

Apfel-Kartoffelstampf mit Hackfleischbällchen | 54

Blätterteigtaschen mit Kartoffel-Frischkäse-Füllung | 18
Brokkolicremesuppe mit Trüffelkartoffel-Ravioli | 48

Dreierlei Kartoffeln vom Blech | 34

Fischauflauf mit Kartoffelpüree-Haube | 30

Gefüllte Ofenkartoffeln mit Birne und Salami | 40
Gegrillte Kartoffelspieße mit
Frühlingszwiebel-Vinaigrette | 6

Indische Kartoffelplätzchen mit Koriandersalz | 10

Kartoffel-Galette mit Knoblauch und Parmesan | 26
Kartoffelgulasch mit Sauerrahm | 50
Kartoffel-Kräuter-Waffeln | 12
Kartoffel-Pastinaken-Püree mit Zitrone
und Knoblauch | 52
Kartoffelpfanne mit Garnelen | 62
Kartoffelpizza mit Oliven und Knoblauch | 22
Kartoffelplätzchen mit Brennnesselspinat | 58

Kartoffelrösti | 14
Kartoffelsuppe mit Currybutter und knusprigen
Croûtons | 46
Kartoffelsuppe mit knackigem Wurzelgemüse
und Speck | 42
Kartoffelsuppe mit Pesto und Blätterteiglöffel | 44

Mini-Kartoffelgratins | 16

Ofenkartoffeln mit verschiedenen Frischkäsefüllungen | 36
Pikant gefüllte Kartoffelkrapfen | 8
Pikanter Kartoffelkuchen mit Apfelspalten, Zwiebeln und
Speck | 24

Schupfnudeln mit Apfel-Sauerkraut | 60
Spargel-Kartoffel-Tarte mit Frühlingskräutern | 20

Tartiflette | 28

Überbackener Lauch-Kartoffel-Auflauf mit Ananas | 32

Violette Kartoffelbratlinge mit Frischkäsedip | 56
Violette Ofenkartoffeln mit Schmand, Zwiebeln und
Tomaten | 38